Wolfgang Linke

Tausend Winter

Wolfgang Linke

Tausend Winter

Hundert Gedichte

München 2013

Bisherige Veröffentlichungen:

Der Ortsname Neuching.
Eine sprachwissenschaftliche Deutung (2009)
Hypothese zur Herkunft des Ortsnamens Sendling.
Ein sprachhistorischer Beitrag zur Ortskunde (2009)
Sieben mal sieben. Neunundvierzig Gedichte (2010)
In die Nacht hören. Einundfünfzig Gedichte (2011)

Umschlagabbildung: ©: Gertraud Linke

Bibliographische Information der Deutschen Nationalbibliothek:
Die Deutsche Nationalbibliothek verzeichnet diese Publikation in der Deutschen
Nationalbibliographie; detaillierte bibliographische Daten sind im Internet über
http://dnb.d-nb.de abrufbar.

©: 2013 Wolfgang Linke
Herstellung und Verlag: Books on Demand GmbH, Norderstedt
ISBN: 9783732240456

I

RAUCH

Den Wahnsinn von der Seele
schreiben statt in sie hinein:
Den Lärm herausschreien
Das innere Land befreien
sich verzeihen
statt zu sein
Den Sinn stehlen
Pass auf ich stehle
dich und für kein Wort,
kein einziges, bleibt
irgendwo ein Rand, ein Ort,
ein Schweigen, einer, eins, allein:
um sich zu neigen
aufzusteigen
wie Geschrei, wie Rauch, wie glühendes Gestein.

REST

Weiter gehts: An jedem Tag
der Welt entleert es mich
ein bisschen mehr Man
erodiert man friert und
zehrt und wendet sich
zum Gehn: Das Herz ist
kalt, die Worte alt
der Rest verliert sich
und verendet.

MOMENT

Ein Monument: aus Stein
aus Stille und aus Schmerz
Und im Vorübergehen kannst
dus nicht mehr sehen Wie
schwarzer Sand ward es
davongeweht, unerhört,
ungestört; ein unaufhörlicher
Moment. Als wollt es ewig
stehen ohne Land, für sich,
für dich, allein.

REICH

Keine Worte Kein Zeichen
Kein Außen Kein Tag Kein Gerede
Keine Ahnung. Furcht, Feuer, Fall
und Fehde Ein altes und ein
neues Reich - und Zeit: so viel
um Steine zu erweichen in uns und
um uns herum. Sieben Millionen
Leichen und kein Reich. Sieben
Millionen Jahre und kein Heil.
Tausend Jahre und eine kleine
Weile, tausend Tempel Gottes
um sie zu bewohnen.

.

KELLER

Bis wann im Keller sein
zusammen mit der Leere
und mit ihr allein. Was
du tust verdirbt gedanken-
los den Tag Der nächste
Schlag kommt ganz bestimmt,
der nächste Tag. Die Sonne
mag nicht mehr, ich bin zu
alt und wenn man stirbt
vererbt man Tag und Nacht
und was man schreibt; denn
was geschrieben steht hat
Macht, und wenns den Atem
nimmt, auch Sinn. Und nimmts
das Leben, das es erst entfacht,
dann gibst dus gerne hin.

SCHLAF

Worte, Abgründe, Münder,
Tode: grundlos schreiben,
mundlos bleiben, Orte ein-
verleiben jenseits der Sünde:
Wort, das traf. Ein mächtiger
Schlaf befiel dieses Geschlecht
Ungerecht starben wir hin Unentwegt
treiben wir wortlos dahin Unbedingt
leer Unsinkbar leicht Unwägbar
schwer.

KRIEG

Wie ein Ende vor dem Ende: Hier
leben heißt Krieg leben, jeden
Tag, gegen sich selbst, gegen alles
was dich überkommt und wehrlos
sieht. Geist flieht, Zwerg lebt,
Zukunft verendet. Für wen oder was,
komm, Sinn, zeig mir deine Wunde. Im
Grunde muss man warten um zu sehen,
sehen um zu verstehen, verstehen
um zu sein. Sollte es anders sein,
sollte man gehen.

KINDGOTT

Geburtstag, Kind, wie
Weihnachten, und das bist
du: Für uns, für dich, die
Welt ist bloß ein Haufen
Dreck: Gott: ich hab dich
nie gekannt, mein Kind, in ihm
da leb ich fort, vom Acker
schreit das Blut, das Blut
der Anderen, was gehts mich
an: Mein Kind, mein Gott,
mein Weihnachten, mein Sinn
und Zweck.

VERLUST

Immer ein Gedicht: von oben,
unten, in der Seele, der Ruhe,
der Nacht: wo Geist erwacht
und sich besinnt - kein Wort
war je umsonst, kein Ort je
leer in diesem All, kein Anfang
schwer. Am Ende, wenn du
anders heißt als je in irgend-
einem Traum, vor irgendeinem
Fall; und die Erinnerung dich
reißt an Licht und an Verlust:
Verlierst du dich und deine
Macht, gewinnst du Gott, ge-
winnt er dich. Und spricht
mit dir und macht dich dir
bewusst.

RUHE

In Ruhe sein für eine kleine
Stunde: wie vor dem Tod wenn,
wie ich meine, alles sich ver-
mählt Das Gute schweigt,
das Böse die Sekunden zählt
und jede Wunde die dich quält
und jede Not von der du lebtest
Tag für Tag, dir zeigt: In Ruhe
sein davor, dafür, für eine einzige
Sekunde, solange wie das Sterben
geht, vielleicht, solange wie die
Zeit sich schleicht aus aller
Toten Munde.

II

SCHALL

Ich bin kein Tier:
Der Alltag stört das All
und stört den Tag in
mir: zerstört mich langsam
unter seinem Schuh. Ein
Stiefel, dröhnend, eine
blinde Kuh, ein blinder Seher,
der die Nacht betört in
einem kleinen toten Haus
aus Schall und Rauch. Ein
Ich. Ein Du. Ein Auch. Und
Ruh. Ich hab das All gehört.

JAHRE

Sieben böse Jahre: an
allen Fronten Krieg: innen,
außen, Übel quadriert -
Der Abgesang auf alle
Macht in mir und Ohn-
macht bricht sich Bahn -
Großer Durchbruch, großer
Wahn; Anfang verliert
sich, Ende formiert sich
Wort verschmiert sich,
Zeit gebiert das Leid, ums
Kreuz ists uns zu tun,
was denken, was nun.

WEILE

Des Reiches Herrlichkeit
war anders, nicht in Zeit
vielleicht und Welt und was
sich sonst vergleicht ver-
messbar. Tausend Wörter
Tausend Rätsel Tausend Jahre
Ein Geheimnis, groß, dahinter,
Tausend Winter kalt und ohne
Zeit und ohne Eile: eine
ungeheure Weile, tausend un-
beschuhte Hände und das Ende.

HÄMMER

Die Leut um dich und deine
Augen, deine Wörter, ach du
Schande: Im Land der Hämmer
und des Lärms, wie heut, so
morgen, gleich und bleich und
überhaupt zu nichts imstande,
ohne Sinn und Sein. Da schreit
der Stein Haut ab ich hau
euch kurz und knapp und
klein und blas euch Leben ein,
kurzerhand, bloß haut mir ab.

FETT

Rauch ich auch? Es grillt
so grell und stinkt so steil
Mein Bauch sagt nein - mein
Herz ist hell, das Fett in uns
gerinnt und dann das Blut.
Anschwillt der Mut zum Anders-
sein, der Flüsse Flut, der Küsse
und der Würste Glut ent-
setzen mich in meinem Fett.
Es dampft, es tropft, es brodelt,
und kein Sinn macht diesen
ganzen Blödsinn wett.

SCHATTEN

Sacrum Imperium: gefressen von
der Zeit und ihrer Unbarmherzigkeit,
das innen und oben Heilige hielt
nicht stand. Zeit war ihm ge-
geben, Mensch und Krieg und Frieden,
worans zerbrach und tausend
Scherben schufen tausend Land
und ihre Erben. Nichts Übleres auf
Erden ward gesehn, gleicher Boden,
gleiches Blut, seit das Reich
verschwand, seit Gott verschwand
aus diesem Land, diesem Land
aus Hoffnung und aus Blut, ein Spiegel
dieser Welt, besonders grell; ein
Feuer hinter einer Wand, ein Schatten,
flackernd und verkannt, ein Zeichen
zum Steinerweichen.

KUNST

Kunst machen und dabei
den Löffel abgeben weil man
es nicht kann. So gar nicht
kann. Ganz den Anfang suchen,
sich verachten, ein Zwerg sein
neben einem Berg. Lachen, sie
lachten über mich Mein Über-
mut erschlug sie und sein
Glanz. Aufwachen, anfangen, Mut
und Demut suchen, sich ver-
fluchen, Redundanz, Arroganz,
Blut und Tanz, Blut und Macht,
Blut und Gott. Wort für Wort
ferner von der Welt und ihrem Ort.

REICH II

Des Reiches Herrlichkeit
War nicht aus dieser Zeit
War große Traurigkeit
Für Gott bereit.

Des Reiches Heiligkeit
War Gottes eigne Zeit
Und seine Sichtbarkeit
In unserm Leid.

Des Reiches Königtum
War Gottes eigner Ruhm
Die Welt wuchs leer und stumm
Und schuf sich um.

Des Reiches Herrlichkeit
Stand tausend Jahr bereit
Wie dem Gericht geweiht
Vor aller Zeit.

TRAUER

Wir haben vernommen:
Kein Entkommen
Keine Gnade und kein
Friede
Dieses Haus
Löscht mich aus
Schlägt mich tot
Vor der Zeit
Leid und Trauer
Und auf Dauer
Eine Mauer
In mir und um mich herum
Ein Geziehe
Tag und Nacht
Keine Macht
Kein Anfang
Kein Ende
Denn siehe:
Es hat mich umgebracht.

ABGRUND

Oh Tod komm bald und schaff
ein Ende: oh Tod komm bald und
schaff die Wende - jedes Wort
muss erst erlitten werden, hier
auf Erden, in den Ohren, keinen Ort
zum Leben finden, und mit Abscheu
fliehen vor euch allen. Abgrund
sein und sich verziehen, Abgrund
schaffen und verschwinden und
im Fallen Worte finden: Ich war
nie geboren.

III

LECK

Ausweg: Der Weg ist
aus: Aus und weg, Haus
und Dreck, Verlust
und Frust, ein Seelen-
leck, ein Todeskampf,
Nacht und Ohnmacht:
Wir hätten fast gelacht
Wir hätten fast gewusst
was unter unsrer Zeit
für Feuer sich entfacht
uns unsre Zeit zu stehlen.

DRUCK

Überdruck, unter Druck, Aus-
druck, Eindruck, Abdruck, Dreck;
bald hab ich kein Gesicht
mehr hier, so wie ein Wurm in
der Erde: Beute des Vogels, Beute
des Lärms; Grenzdruck, darüber
das Gedicht zusammenbricht
und eine Schicht - du kennst sie
nicht - erblickt das Tageslicht,
das was sie so nennen, die Leute.
Das was sie so kennen, verschwindet
dann, mein Gesicht, mein Gedicht,
mein Ort; dann kommt das Ende,
dick, ein letzter Ruck, ein letzter
Schluck, ein letztes unerwünschtes Wort.

VERSUCH

Nacht, komm bald und schaff
mir Macht, zu sein: dazusein,
still zu sein, fort zu sein und
ohne Pöbelei darum herum. Ich
komm nachhaus und kotz es
aus: den Lärm, den Fluch, den
Spott - Mein Gott: der hört
mir trotzdem zu und eurer ist
das was ihr selber seid: ein
ungelegtes Ei, ein grober Klotz,
ein toter Stein, ein leeres Buch.
Ich will euch nie mehr wiedersehn
ich will euch niemals mehr verstehn;
ich werde frei und komm zu mir
anstatt zu euch, noch drei, noch
zwei, noch ein Versuch.

RAUM

Ich stehe stumm und
warte auf den neuen Tag:
Auf eine neue Seele warten
lohnt sich kaum: auf einen
andern Traum, auf einen andern
Geist: Weißt du, vor der
Zeit gabs einen großen
Zedernwald, der war so alt
wie anderswo die Welt. Auf
einen anderen, ganz anderen
Gedanken: warten, bis die
Zeiten drumherum versanken
und im Versinken schufen sie
der Seele neuen Raum.

LAND

Die Stille hebt das Land empor,
die Zeit davor, davor. Von Zeit
zu Zeit bist du bereit, ein wenig
stiller da zu sein: zu hören,
zu schwören, zu sein. Dein eignes
Wort - verkauf es nie -, dein eigner
unentwegter Ort: auf dem du selber
stehst, von dem aus du ver-
gehst: er ist es wert, ganz dein
zu sein, so wie dein Haus - verkauf
es nie -, das jenseits aller Zeit
für dich bereit´t.

WILLE

Wovon die Nächte handeln:
In der Stille kehrt
der Wille wieder um
in mich und kehrt
mich um zu ihm. Er
häutet sich und fragt
dann mich und sich:
was hat es denn be-
deutet: dass du in
mir und ich in dir ge-
wesen bist? Die letzte
Frist bricht an, hab
ich ihn dann belehrt, und
nicht viel Zeit und nicht viel
List ist uns gewährt, uns
ineinander zu verwandeln.

RIESE

Ein Gedicht: etwas das
früher war Ein Angesicht
ohne Jahr, alterslos, weltlos,
wortlos. Zur Unumkehrbarkeit
verdammt. Ein Riese in mir,
ein Riese, der schweigt. Der Tag
neigt sich beträchtlich und neigt
sich insgesamt. Und was noch
kommt, das stammt nicht ab,
sonst macht es sich und
mich verächtlich.

SINN

Eine Antwort aus Licht:
Gott spricht
ins Dunkel, in mich hinein
Kein Wort entwand sich
mir zu dieser Stunde. Wie
es stünde mit mir, mit meiner
Reue. Kein Geist stand auf
in mir aufs neue, kein Licht
empfand ich. Das Herz
der Sünde. Eine schwarze
Wunde, schwarzer Sand ist
meiner Seele Haus und Hof
und keine Hand auf mir
weist mir den Ort, die Treue,
wohin ich mich nur wenden muss
ganz kurz vor Schluss, ganz
kurz das Land, das Haus, woher
ich bin. Womit ich Sinn und
Rand und Anbeginn verband.

SCHREI

Mein Leben schlägt der Hass
entzwei und bald bin ich zwei
oder drei: bloß nicht mehr
ich: bloß noch ein Brei, der
durch die Spalten fließt des
Lebens. Um einen Schrei zu spät
ward ich geboren; um einen
Schrei zu frei und zu verloren;
in diesem Leben grünt kein Kraut.
Das wussten die Alten und
unter der Haut, da stand
das Feuer in mir auf und hat
beim Namen mich genannt und
hat verbrannt mein Leben.

OHNMACHT

So still: ganz unten fängt
es an: wo ich was sagen
will; und wo ich weinen will
ganz ohne Zeit vor lauter
Leid und um mich selbst
gebracht. Nie hab ich weniger
gedacht, nie weniger gelacht
als ich den Himmel sah ganz
unbestirnt in einer wortlos
langen Nacht. Nie bin ich
weniger erwacht, danach, dem
Tag ganz nah, der ohne mich
geschah und ohne meine Zeit
und alles das was mich gemacht.

IV

CHOR

Wie das Licht, das man
nicht sieht; weils flieht
vor einem wie vor einer Wand;
so wars in mir bevor ich war,
ein Land ganz ohne Abstand
zwischen mir und dir. Ein Wort
klang allzeit draus hervor: ein
Schweigen, das verschwand. Die
Teufel riefen rings umher im
Chor: Es gibt kein Land, kein
Wort, kein Schweigen, nur Ge-
schrei: es ist uns einerlei, wer
dich erfand. Du bist in unsrer Hand.

MUT

Die Schläge werden härter, werden
schneller; die Himmel werden kälter,
werden heller; die Sterne werden
älter und altern sehr. Es wird kalt
und mehr und mehr hörst du dein
Blut dich erden. Ganz gerne stündst
du über deinem Leben: um nicht dabei-
zusein, wenn dich dein Tod ereilt:
wenn er dich heilt von deinem
Kindergartenzauberland, in das du dich
verbannt, worin du unerkannt
kälter und älter wurdest, worin dein
Leben fast verschwand, dein Anfang
und dein Mut.

MÄR

So und so nicht: betrachtet
bei Licht verflucht manches
sich sehr. Was ist schon von
Gewicht in uns, dem unerforschten
Meer. Was schaffts von da
denn je in ein Gedicht, in eins
von hundert, die andern sind
leer, um dort zu dauern? Kein
Gedanke, kein Funke, keine Mär,
kein Wortsalat, auch kein ge-
heimer. Ein Jahr im Eimer, ein
Leben im Loch, woher das kommt,
ein Gesicht voll Trauer, eine
Seel voll Abscheu, ein Buch voll
Wörter, ein Leben im Noch.

WEGE

Hinter dem Wort und seiner
Welt: wo nie ein Schatten
fällt: wo wir warten auf
alles was uns umstellt von
innen und unten her. Vom Nirgend-
wo kommt uns ein Segen Von
einem Ort, den wir vermutet
hatten hinter dem Wort und
hinter der Welt; doch der uns
verborgen blieb, wie alles in uns
und um uns her, was sich nicht
niederschrieb in uns auf ver-
lorenen Wegen, mit Macht, in
Stein, für uns allein, unlesbar
uns, unfassbar schwer.

PREIS

Land, Land, Land!
Ort, uneinsehbar, Geist,
unumkehrbar, Wort, ver-
stehbar, unverwechselbarer
Klang: nichts zu hören, nicht
empören, nicht beschwören, einsam
seiner Wege gehn; sehn, doch was:
Ach, weißt du, lange hats gebraucht,
bis ich die Welt verschlang wie einen
Klumpen Reis, eidesstattlich fades
Nichts, gekotzt anstatt geboren, un-
verfroren abgeraucht. Du Wort, du
Zwang, ich bin zu dreist es einzusehn
was du bist und was ich dir bedeute.
Die Leute (sic!) vom andern, größern
Stern, sie haben heute, heute mich
gefragt: Was wärst du gern, wärst du
wie wir am Rand des Lichts und ohne
eignen Kern und um zu schwören da:
Was wär dein Preis, der Wahrheit ab-
zuschwören, des Himmels Wert, des
Lebens Dauer? Ich hab gesagt, ich weiß,
woher ihr seid, ich bin der Acker und
der Bauer der euch unterpflügt, weil
ihr lügt, wie das Land, dessen Kind
wir sind und dessen Untergang.

MITTE

Unter Druck: Bloß Eis im Hirn,
Gift in der Seel, wenn ich das
seh. Der Schnee von heut, un-
wägbar Ding, zwischen uns
und alle Leut. Ein See, ein
Frost, ein toter Ort; ein Stift
in meiner Hand, der nimmer das
Warten lässt. Oh schwarze
Pest, oh schwarze Sonn, geh auf,
verbrenn mein Seel, mein Wort und
alles was ich bin, an deinem Tag; geh
auf, dann geh ich mit, zur
Mitte hin, aus diesem Wahnsinn
fort zu ewiglichem Sinn, bevors
mich reut, dass ich gewesen bin.

SCHATTEN II

Ein Tag, ein Jahr, ein Augenblick dazwischen:
Mein ganzes Leben und mein
ganzer Schweiß den ich gegeben
hängt hieran. Ein wahrlich
nicht geringer Preis, nur einfach
so; zu sein, statt nicht zu sein.
Und Gott lässt mich machen
und wachen und laut und leis
vermischen sich in meinem Sinn
wie Wein und Wein. Ich bleib
allein. Vor allem das. Und darum
häng ich dran und bleibe dir und
mir. Dem, der mein Leben mir
ersann und alle meine Sachen
geh ich nach. Meinen Schatten,
meinen Spuren aus den unsichtbaren
Jahren wird er Leib und Leben
geben, den Rest in Ewigkeit verwischen.

SCHWUND

Wenn die Zeit verstummt
in uns geht das Wort herum
in uns und schweigt sich
aus und lässt von uns und
lässt uns sein. Was früher war
verführt und führt zu nichts und
rührt in uns an nichts. Das
Ende kommt, versammelt sich in
uns in allen seinen Teilen, uns zu
heilen von uns selbst, in uns zu
weilen. Was früher war, war
größer als wir selbst. Drum staunen
wir und ahnen, was jenseits unsrer
Wände wächst; und nur im Staunen
nehmen wir einander wahr. Was früher
war, war staunend da, verging von
Jahr zu Jahr ein wenig mehr, für-
wahr ein staunenswerter Schwund
der unsre Zeit gebar und uns
und unsern Mund verschloss.

DÄMONEN

Stille schafft den Raum
und schafft sich selbst
und lässt mich aus und
ein und baut und baut
ein Haus, ein immerwährendes.
Kein immerstörendes, voll
vom Gelächter der Dämonen
die da wohnen
statt meiner, statt unser,
ich hab sie satt und ihr
Geschrei, so laut,
so laut und ohne Haut
sind sie und ohne Scham,
ein Traumbild, ein empörendes,
ein Abbild aller unsrer Seelen,
ein entehrendes.

MUTTER

Ahn und Wahn, aus der Bahn;
ferne Völker, tote Paradiese, Heiligtümer
ohne Heil; von allem Teil, im Lande
Nod, alles erblich, sterblich und ver-
derblich, alles ich? Zu Vorfahren
fahren, Tote ehren, Lebender ent-
behren, nicht bewegen, nie. Schwarze
Blume, schwarze Wiese, keine Worte,
große Leere, Einsamkeit uralter Orte,
Umschlossenheit und unermesslich
stummes Leid. In einem andern Land,
nicht von Menschenhand und nicht
geformt, voll echter Ehre, wird der
Geist entnormt, im letzten aller
Augenblicke, Gott weiß wie, enträtseln
sich Geschicke, kann Er in deiner Seele
lesen, dass dus weißt. Sonst wärest
du umsonst gewesen.

V

LICHTJAHR

Des Nachbarn Hass: ein Fass
voll Schaum und voll Gestank; ganz
tief sank ich und unter seine
Gunst; und war wie weg und aus
dem Spiel und aus dem Traum. Mein
Blut erstarrt: die Unbewegbarkeit
der angeheimten Seele macht mein
ganzes Leben nass. Ich fühlte nichts
als ich mich sah, in seinem Spiegel,
seiner Welt, ein Abgrund zwischen
uns und leerer Raum, ein Lichtjahr weit,
doch weiter kaum, lebt er entfernt,
so weit erstreckt sich keine Welt
von meinem zu seinem Riegel; für-
wahr der Hölle Kleid, der Heim-
lichkeiten Siegel.

MUTTER II

Mit dem Prügel und der Zeit,
durch das Leid hindurch und hinter
jedem unsichtbaren Hügel steht
bereit meiner Mutter Einsamkeit, da
ist doch keiner: über und unter der
Welt, über und unter der Zeit, nur einer
weit und breit, der immer dann ver-
schwindet, wenn sie findet, namenlos,
schattenlos und ohne Flügel, vielleicht
ein Engel, oder aber auch ein Stein,
der sein kann oder eben nicht auf ihrem
Weg, was tuts. Kein Wort woher, wohin,
ging je aus diesem Mund, keine Frage nach
der Stund und ihrem Sinn und nach
dem Grund für jedes Ding und nach
dem Ende: lass aus die Zügel, komm
nach Haus, bald kommt der Tag,
der all das überwindet.

MORGEN

Das Herz ist hohl
und wartet auf den Hass,
wenn allen gleiches gilt
und allen nichts. Leer
steht der Raum und unter
uns ein Ozean aus Schleim
Nichts Festes, nichts Bestes
und ohne Reim auf Mensch:
Du harte Zeit, du böses
Herz, was soll ich mit dir
tun, es ist unsäglich schwer
in dir daheim zu sein, von Tag
zu Tag, von Licht zu Licht, von
Tür zu Tür, von Traum zu Traum.
Ganz am Grund, da liegt ein Wort
verborgen, lass mich suchen, lass mich
finden, lass uns dann von hier verschwinden,
warten auf den andern, großen Morgen.

STADT

Du alte Stadt Du alter
treuer Ort: der Geist ist fort
der dich erbaut und eine
dicke Haut aus Zeit und Un-
verfrorenheit liegt über dir;
was willst du mir: soll ich das
glauben, was du warst? Von Jahr
zu Jahr bin ich mir selber ferner
und du von dir durch noch mehr
Zeit getrennt. In deinem und in
meinem Fundament: dort liegt der
Stein, der unsre Namen nennt, aus
einem Geist, der unsre Namen kennt,
bevor ein Name war, ein Ort, ein
einziger Moment.

FLEISCH

Dieses Tages Ton und sein Gekreisch:
Im Herz des Anderen, da bin ich
nicht (wärs anders, wär er ich); in
seinem Leben schon: Tag um Tag
von ihm gezogen, eingesogen in
sein Feld, in seine Welt aus Rauschen
und Gebrüll. Ein guter Tag ist hier und
heut, ein warmer Ort voll Sonne und
voll Seelenmüll. Ein hartes Wort,
doch nicht gelogen, und ich bin ihm
scheißegal. Ich hör ihn und er hört
mich nicht, er ist und ich bin nicht,
er kennt sich selbst und selber nicht
und ist sich selber Pfahl in seinem
Fleisch und hat mit meinem Fleisch
sein Leben aufgewogen.

BLUME

Die böse Blume isst mein
Herz. Ein ungeheurer Weg, der bis
zur Hölle führt, und mindestens
in diesem Leben, von mir zu ihr. Ein
ungeheures Schweigen. Wenn unser
beider Tag zuende geht: ist die
Erde zwischen uns verbrannt
und sie ist alt und ich bin älter.
Die Welt ist noch ein wenig
kälter, wir blickten unverwandt
einander an, auf einem unsrer
Steine steht das Ungeheuere
geschrieben: Zu einem Fleisch,
in beider Hände, ohne Anfang,
ohne Ende, dabei ists geblieben.

UNWEGSAMKEIT

Unterm Leben: so hab ichs mir gedacht
und setzte einen Punkt, den keiner sah,
ganz nah vorm Abgrund hin - nicht weiter
als bis hier; der Lauf der Zeit warf mich
hinab - an einem wahrhaft finstern Tag
bin ich erwacht und hab zuend-
gebracht in Schweigen und in Furcht, was
mich betraf: Der Nächste kann die Hölle
sein und dich vernichten. Da hilft kein
Dichten und kein Rechten und kein Gott:
Du musst es selber richten. Hinterm
Leben: Von Anfang an lief etwas schief, die
Hoffnung aufs Dochnichtgewesensein hab ich
verlacht. Die Hoffnung einfach aufzuhören
wie ein Tier ist auch die Hoffnung derer,
die mich bis hierher gebracht. So bleibt
mir nichts, wies scheint, als doch zu
hoffen; von mir zu mir ists viel zu kurz,
von mir zu dir Unwegsamkeit, von mir zu
Gott: ein Weg, ein Streit, Unendlichkeit.

BLUME II

Seh ich sie, dann kann erzittern
der Grund auf dem ich steh, dann
kann ich mich verfluchen und verbergen,
wie ich will. Ein Auge wie ein Blitz
und einer Seele Spiegel, ein Tausch,
ein Rausch und eine Täuschung. Hinter
meinen Gittern und in meinem Mund,
im Tiegel meines Wahns, erscheint
ein Bild, das manche meiner Nächte
füllt mit Schweiß und Ungeduld. Hör
auf zu suchen, las ich in den Augen, denn
du hast gefunden, was zu dir gehört, und
was du suchst, ist Schuld. Verlass mich
still und lass mich unzerstört.

ERBE

Was alt ist, formt mich manchmal
um in sich und lässt mich neu ent-
stehen; sehen, dass ich bin: weil vor mir
etwas andres war. Ein großes Wunder,
irdisch zwar, doch von Format und ganz
getrennt vom Unsinn meiner Welt, worin
ich lebe und verderbe. Ein Stein verstellt
den Eingang in die Zeit - so will ich sein:
Von Anfang an, denn auch die Zeit, die mir
gegeben ist, zerfällt, wird wort- und form-
los sein; mein Name ausgelöscht, sobald
ich sterbe; die hier sind, die bekümmern
sich nur kurz. Mensch und Welt sind un-
vermischbar, eigentlich, so stehts bei Gott.
Er ist nicht alt, soviel ich weiß, und lässt
sich selber sehen und gibt sich selber preis,
so stehts bei ihm: Der Mensch ist groß, ich
bin sein Sinn, die Zeit ist bloß sein Unter-
stand, ein Unterreich, seit Anbeginn
sein Rand, mein Wort in seiner Hand, damit
er hinter ihm vergessnes Land ererbe.

SPIEGEL

Der Tag war rum, es gab nichts
mehr zu fragen. Der Tag war stumm
und stumm sind seine Klagen; alles
war bereit, irgendwie bereit zu
gehen. Alles um. Die Zeit - bei Gott -
worin ich bin - ein Kreuz, ansonsten
doch: vergiss, vergiss es. Die Gesichter
die ich seh, sind eher von Gepfählten
als von Auserwählten, eine Schande, in
der Tat, und mein eigner Spiegel
springt und lässt mich blind ins Leere
blicken: Was für Welten, was für Lichter,
was für Tage: willst du denn mit solchen
Augen sehen.

VI

MICHAEL

Eine Hand, oben, eine Macht,
oben, in der Nacht, ein Name, seine
Ehre, sein Geheiß. Wer ist wie Gott,
ja wer. Von dir zu reden fällt
sehr schwer: denn ich bin Lo-cha-el,
Nichtwiegott, und du, und alle. Nur darin,
darin sind wir eins: das Kind, das auch von
oben kam, erschuf auch deine Welt und dich,
und mich, zu keinem Ende. Und ich sende
einen Gruß an dich, sonst bleibt mir nichts:
Ganz außerhalb von Eden, doch in Gottes
Land, dort lebe und erhebe dich und uns von
Zeit zu Zeit und über alle Zeit hinaus
in Gottes Heer, wer weiß, dort sind die
Wurzeln allen Lichts, dort werden alle
Worte, alle Namen, auch der deine, erst
erkläret vor dem Herrn der Heere.

BODEN

Ein verfluchter Tag umhüllt mich ganz.
Ein böses Haus zerstört mich ganz
und ganz allein bin ich, ganz Staub.
Ein Machtwort spricht sich aus.
Ein böser Mensch vergeht sich
ganz an mir und hat mich auf-
gebraucht. Als ich am Boden
lag, verging mir Sinn und Sein,
ins Haus ging ich hinein, ganz böse
war ich, ganz aus Stein. Da sprach
das Haus: Lass mich statt deiner
sein; denn ich bin Stein und Sein
und Sinn: und du vergeh und wenn du
nicht mehr bist wirst du erkennen
wer ich bin.

FREUDE

Mit Gebrüll. Mit Schweigen, Sinn
und Wahnsinn, aufzuzeigen am Beginn:
des Untergangs, langsam, leise, tage-
weise, ungewiss. Ein Riss ging durch
mich durch, mein Schatten war zer-
schunden und nicht mehr gefunden, als
ich starb. Die Seelen umstanden
mich, ich wusste wie, für unsagbare
Stunden, ich wusste nie, wohin das Leben
führt. Es war kein Denken mehr, es kam
ein Schauen, wie durch mich selbst hindurch,
begann ich aufzutauen, alles Schweigen fiel
vor Freude ab. Ich war Seele, ich war Feuer
und verzehrte mich, war ungeheuer an-
gerührt, ich las nicht mehr, ich *sah*, was
Gnade war, in einem All aus Licht, ich
wusste nicht, was mir geschah und außer
mir war niemand da, ich senkte meine
innern Augen und wandte mich und
stand zum erstenmal vor Gottes Angesicht.

SCHOSS

Fern sein. Fern der Nacht
Fern sich selbst. Ganz anders
als erdacht und ohne Namen.
Ehrlos bleiben ab Geburt
und irgendwann ein Thema finden
um zu leben; Saat sein, Stern sein,
sehr groß: bloß, wo bin ich denn,
ich steh wie selbstgemacht vor
mir und wart auf mich und komm
und komm nicht an. Die Heiligkeit
der hohen Herzen hats mir angetan
von fern, vorm Herrn. Da steh
ich nun und schau mich an und schau
mir an die vor mir kamen, aus echtem
Samen, echten Schmerzen, echtem Schoß.

ORT

*„Und Ursprünge seine - von
Anbeginn, von den Tagen der
Ewigkeit".* Und Ursprünge meine -
nicht von dort; von da und dort
und doch nicht seine. Ganz
kleine, ganz ungemeine, ganz
geheime. Ich weiß nicht mehr
wann ich begann, nur wann ich
endete und mich ganz neu er-
sann. Als mein Blatt, mein
Gott sich wendete und sah
mich an: Oh urverwandter,
urgeheimer Ort.

NAME

Wohin soll ich gehn: wie der Wind
von Ort zu Ort; wie das Licht fort,
nur fort, ohne Geist und Ziel. Das
nackte Leben ist kein Spiel, es packt
mich viel zu viel und lässt mich
gehn. Ein Weg führt nicht hinauf vom
Grund zum frühern Licht, es ließ mich
untergehn. Ich weiß es nicht, ich bin
zu müde und zu leer. Es ist zu schwer
mir irgendwas zu geben. Mir fehlt nichts
mehr als nur ein Name. Die vor mir
kamen hatten einen Namen, *einen*: man
konnt' ihn sehn, verstehn, obwohl ihn
niemand kannte, niemand nannte je
zuvor: El-or, Gott ist Licht, so
wie des Menschen Angesicht, bevor er fiel.

LAST

Du triffst den Tod. Er lebt und
ist wie eine Frau von vierzig Jahren.
Ein Stück erbarmungsloses Mensch.
Krank, vielleicht, vor allem aber un-
erreicht. Man fragt sich wo die Toten
waren, als du uns erstandst, um unser
Leben zu umarmen. Sie waren, waren
tot wie du: doch du beschlossest uns
zu dir zu holen an allen unsren Tagen,
bösen, guten, kalten, warmen; an allen
uns zur Last zu fallen, um uns sehn
zu lassen was wir waren, bevor die
Not uns schlug und dein Betrug uns
gänzlich ließ zur Hölle fahren.

TRÄNEN

Tränen kommen immer dann
wenn das Herz verbrennt
sind wie der Tod
der das Licht Licht sein lässt
und finster finster nennt
weils ihm egal ist -
Ende Gelände, schade Fassade -
was Mensch von ihm denkt;
Tränen sind der Rand
um das Land
aus Menschenhand
und hinter ihnen wäre
statt Fassade endlich Ehre.

ZORN

Ich stehe leer, ich stehe starr
vor dieser Welt, die mir zerfällt
wie Hand und Fuß und Glück in
der Verwesung. Ich stehe starr
und stumm so wie ein Stern
von fern gesehn, fast keiner ist
mir nah. Ich bin bereit hier
wegzugehn, der Kern, das Korn,
der Sinn in mir ist fast erfrorn;
von einem Gruß an euch bin ich
befreit, denn niemand grüßt den
Sand, den Sand am Meer, den Gott
vor lauter Zorn mit sich entzweit.

MACHT

Kein Wort war je so angebracht
und kam so ungeschlacht daher. Es
kommt mir mehr und mehr so vor, als
wär davor und hinter mir kein Seel
mehr und kein Chor der jemals Gott
würd loben. Die Völker toben. So wars,
so ists und so wirds bleiben bis zu dem
Tag der Macht, wann Gott sie wird ver-
treiben aus dem was sie erdacht
für ihn, wo er sollt sein den Rest von
seinem und von unserm Leben.

VII

MEISTER

Vor lauter Ungemach ist mir der
Tod vertraut und ich bin einsam ohne
ihn, ich hab ihn eingebaut in meine
Tage. Immer wenn ich klage, wird er
laut, so wie die anderen, die ohne
ihn nicht sind. Sie wollen verzehren
mich wie Brot, fressen mich mit Herz
und Haut. Ich soll sie dafür ehren,
meine Feinde, meine Plage. In einer alten
Sage schlug der Meister einen Lebenden
ans Kreuz: Ganz nah am Tod
verewigt er die Züge, große Kunst als
große Lüge, großer Mensch mit großer
Frage, große Geister, die ihr schaut:
ihr schaut, was von euch bliebe, wenn
man euch an Kreuze schlüge, ihr schaut
einander an: ihr kennt das alles zur Genüge.

MITTERNACHT

Im Land des Lärms, im Land der
Bosheit und im Land der Mitter-
nacht, im Land des Allernächsten:
wo der Teufel lacht, Tag und Nacht,
und unbewacht der Mensch und
seine Macht zu allen Himmeln
stinkt; da kommts zum Stand;
still stand ich. Ich? Von unten
kommts, von unten einer, macht
dich kleiner als du bist: Du Narr,
du Christ, ich will nicht, dass du
weiter bist in meiner oder irgendeiner
Sphäre. Außer mir ist nichts. Wenns
anders wäre, wär ich nicht, doch wirds
mich immer geben. Mich und meine
Bosheit, die mich immer neu gebiert,
und die ich neu gebäre. Im Land
der Mitternacht, wo alles Licht und
alles Recht versinkt.

WAHL

Ganz mein und ganz allein
Verlässts mich, ganz in Wehen:
Mit einem Ruck
Zerspringt das Leben
Ein bisschen Druck
Von unten oder oben
Kann dich erheben
Bist erhoben
Hin zum Licht
Auf den Thron
Auf den Pfahl.
Ein andermal
Kommt dein Gebet
Zu dir zurück:
Sieh, jede Qual
Und jedes kleine Glück
Das dir gegeben
Lässt dich auferstehen
Lässt dich sehen
Lässt dich sein
Lässt dir keine Wahl.

ISRAEL

In Israel verbirgt sich
Gott. In seinem Land,
in seiner Haut, da lebt
er fort wie eine Spur
von Ort zu Ort. Auf Israel
liegt seine Hand. Auch wenn
es ihn verbannt wie früher
schon aus seinem Haus. Was
Israel auch tut und welches
Kleid es trägt: Für immer mischt
sich beider Blut, des einen
Herz im andern schlägt.

FRAU

Meine Frau: wenn ich sie
sehe wächst mein Herz
in sie hinein, wie von allein
ich mit ihr gehe. Sie hält
mich fest, sodass ich nicht
wie Schnee verwehe; sodass
ich lieber nichts verstehe,
ehe ich ihr nahe bin. Denn
dann erflehe ich sie jeden
Tag aufs neue, mein Wort
wächst wissend bis zum Himmel
auf: Du bist in mir wie außer
Gott sonst keiner, wie eine
Flamme, die das nackte Leben
schmilzt und den Verstand.
Und deine Hand verbrenne mich
und binde mich und finde
mich sodass, was zwischen
uns geschehe, dich und mich
und alles überwinde.

RUNDE

Eine Runde Lügen,
Eine Runde Hochmut.
Eine Runde Weghören
Betrug ist ohnehin in aller
Munde, was also solls.
Eine Stunde, eine Runde,
eine Wunde in einer andern
Seele, eine Runde Wut
tut gut und in den letzten
Zügen fast direkt
vor Gott, eine Runde Spott;
Er kann es fügen, für Heilige
und Hunde.

TOTE

Die Toten unter uns erblassen nie.
Sie geben uns keine Stunde,
sie geben uns keine Kunde und
helfen uns täglich beim Sterben.
Stumm sein, verzeihn, vergessen,
nicht ermessen können was uns
abhanden kam. So kann man
zuschanden werden über und unter
der Erden. Die Toten hassen uns
vielleicht und lassen uns keine
Zeit zu sein, zu werden, sie gönnen
uns nichts, pressen uns aus, lassen
uns alles nicht fassen, was uns
geschieht, nicht ihr, nicht
unser Verderben.

ANKUNFT

Von oben her, nach oben hin,
ein wahrhaft kühler Weg
und Tag. Durch den Nebel
aller Zeit und durch
des Anfangs Dunkelheit kommt
Gott, uns ähnlich wie der
Anbeginn, zu uns. Man könnt
ihn fast auch übersehn und
tut es auch, denn manchmal
ist er sehr verborgen. Einen Spiegel
seh ich aber noch kein Bild:
Von Ihm, von mir, von dem
was gilt dort oben mehr als
unten hier. Im Anfang war
das Wort, die Leute und der
Unsinn, die sind heute, das
Bild im Spiegel zeigt sich morgen.

REST II

Des Lebens Kern
ist auch: das was
hier steht, was es
auch sei, hat keinen,
keinen Sinn. Des Lebens Stern
und was du von ihm siehst
von fern, er zieht Gott weiß
wohin. Sieh zu, wie er zerfließt,
bete, dass du mit ihm ziehst
vor seinem Fall. Des Lebens Tag
ist kurz und hell, heut ist dein
Tag, heut und schnell, es ist
schon spät, fast alles war
umsonst, ein kleiner Rest, er
rettet dich vielleicht, denn
er ist ganz von dir und gleicht
nicht irgendeinem sonst in diesem All.

MITTE II

Der Gott der zu uns kommt
kraft Wort und Geist: Wir
haben nichts für ihn, er
kommt so gut wie in ein
Nichts. Was er da tut
ist Erstgeburt des Lichts
und Liebe, die kein Wort mehr
findet. Worin gründet denn
der Mensch; doch in der Mitte
dieses Lichts, an diesem Ort.
Je weiter fort von dort, je
größer ist das Nichts in uns,
um uns herum. Und umso
größer unser Tod: Monströs,
ein Loch im Sein, das dich
allein zu jeder Zeit umhüllt,
dein Herz verfüllt und niemals
mehr verschwindet.

VIII

SCHATTEN III

Kein Gedicht ist größer
als der Mensch von dem
es kommt. Ein Schatten
bloß in seiner Seele. Der
Seele Los geht ein in
sein Gedicht. So ist
es groß. So ist es er.
Oder ist es eben nicht.

MUTTER III

Meiner Mutter Geist:
Was du von ihm weißt
Es hilft beizeiten nichts.

Meiner Mutter Welt:
Wem sie wann gefällt
Es bessert in uns nichts.

Meiner Mutter Zeit:
Ich bin von ihr befreit
Sie sagt uns leider nichts.

Meiner Mutter Herz:
Das geht erdenwärts
Zum Rand des großen Lichts.

Meiner Mutter Tod:
Da endet ihre Not
Im Eifer des Gerichts.

BEGINN

Was die Weihnacht ist: ahnst
du das, wirst du vielleicht ein
Christ, nach vielen und langen
Gefechten. Davor ist leer dein
Herz und ganz allein stehst du
vor einem Berg in deinen Nächten.
Heiligkeit ist fern am Horizont
und wartet drauf erkannt zu
werden hier auf Erden. Keiner kann
dir sagen wie sie ist und was du
bist vor ihr. Im Tod alleine kann
sich zeigen alle ihre Macht und
all ihr Sinn: Da stehst du am
Beginn und sprichst: Es ist
vollbracht; da lacht, der dich
gemacht und spricht: Ich, ich
habs gesagt für dich, für dich
allein. Dein Leben lag in meiner
Hand und meine Hand in deiner.
Drum hab ich es gekonnt, und
außer mir ist keiner.

SCHNEE

Stille sein
Weg sein
Einfall sein
Der Macht, der Ohnmacht
Klein sein
Fast verschwinden
Wenn sie dich finden nach
Tausend mal tausend
Flüchen
Je
Kann keiner empfinden
Den tausende Winter
Umhüllenden
Alles erfüllenden
Schnee.

WOLKEN

Vom Grund zum Abgrund
führt oft gar kein Weg:
denn leer und offen
ist der Mund bevor der
Tod dich rührt und
kein Wort mehr bleibt es
ihm zu sagen. Herkunft
wem Herkunft gebührt
Zukunft hat wer sie
erspürt und lebt und
leibt um mehr zu hoffen
als dass man seinen Namen
schreibt in Büchern fort oder/und
in sterbenden Gehirnen,
weißen Wolken der Vernunft,
der Himmel weiß woher sie kamen.

KAISERIN

In deiner Zeit, *was* für eine Zeit,
wurde nichts geschenkt und
gnädig war nur Gott und war
ers nicht, so war kein Mensch
bereit auf dich zu schwören,
dich zu hören. Das Firmament
war von Kristall, der Erde Licht
war kalt und zählte nicht vor
der Wahrheit Angesicht, das nach-
her immer tiefer sich verhüllte. Der
Mensch verstand sie nicht, sodass
sie fast verschwand; so wie dein
Grab, du Kaiserin, du stumme Trau-
lichkeit aus ferner Zeit, so un-
vorstellbar fern. Der eine oder
andre Stein spricht stumm von
dir. Die eine oder andre Hand
rührt sich für dich und schreibt
von dir: wie über einen alten,
hellen, nie erloschnen Stern.

WEIN

Das Dokument: So unfruchtbar
die Pole meiner Welt Ein Sakra-
ment des Wahns. Ein Fila-
ment der Nacht. Am Anfang
schon dement, in der Mitte
ausgefällt, am Ende wahr. Kein
Preis war da zu hoch, kein
Widerwort zu vehement: Es ist
entsetzlich schwer, zu sein. Der
Tod allein ist unvergällt und
schenkt dir ein: den reinen Wein,
ohne Namen, ohne Jahr.

REIM

Maßlos: Endlos und verzweigt,
bis dass der letzte Tag sich
neigt und untergeht mein Herz
vor lauter und lauter Gedicht.
Ein Unfall nur: woran es lag
weiß nachher keiner mehr und
weil sich keiner zeigt wird
alles zu Vergessenheit und
fällt anheim der Nacht danach
die sich schon kümmert. Denn
in ihr schimmert alle Zeit die
mich und dich verband und
alle Unermesslichkeit, worin der
Reim der mich und dich
vereinigte, verschwand.

FLEISCH II

Nacht der Nächte: Wenn ich
brächte einen Tag die Kraft
auf zu verstehen und zu sehen
was du, Gott, bedeutest, Macht
der Mächte, ohne Anfang, ohne
Grund, sich selber Grund genug;
dein Wort, durch das ich wurde,
wurde Fleisch und er allein ist
der Gerechte der mich lehrt mich
zu verschwenden, so wie er es tat:
Für mich. Und wer bin *ich*, selbst
wenn ich dächte, Gottes Saat
zu sein, ich bin es nicht. Ich lösche
nur das Licht in meinen Händen,
bevor die Hand das Licht entehrt.

WUNSCH

Der böse Wunsch: des Andern Tod
Ein Wunsch aus Hass, so ist es immer.
Zeig mir, Gott, wie ich ihn lieben
soll, da ich Du nicht bin. Ich
bin ganz voll von ihm und seh ich
sein Gesicht, tritt Blut in meine
Augen, Blut und Abscheu. Das ist
neu und jedesmal wirds schlimmer:
schweigt er, schweigt er nur zum Schein.
Schreit er, zittert mein Gebein, mein
Leben verwittert in seinem Wind. Worte
sind wie Rauch für ihn und meine Not
sein Spott. Meine Nacht sein Tag. Meine
Flucht sein Lebenslicht, mein Ende
sein schönstes Gedicht.

IX

BAUM

Ohne Winter
Lebt der Baum
Genauso nur der Traum
Der ihn macht
Zum Baum wird
Dann nicht mehr
Geträumt
Der Traum ist aus
Der Baum ist leer
Das Herz ist ausgeräumt
Der Winter
Fehlt mir sehr.

GLÜCK

In die Flucht:
Mit Wucht
Das Übel speist
sich in dich ein
bedient sich deiner
wie sonst keiner
wird wie du
hast keine Ruh
davor; bist sein
geworden langsam
Stück für Stück
statt Glück
ein Glücksschwein
ganz für dich
zum täglichen Verzehr.
Ja,
schön ist das Land, sehr, sehr.

FRAU II

Frau wärst du ein Kind
ich würde mit dir gehen
Du bist kein Kind
ich geh mit dir
weil nichts mich bei mir
hält und nichts mir
so gefällt als in dein
Herz zu sehen wo von
der Zeit befreit
ein Punkt ein Stern
ein Abglanz sichtbar
wird von Zeit zu Zeit
für unbewehrte Augen:
Du bist genauso wenig
für die Welt wie ich
gedacht, genauso über dich
und uns erstaunt; so wie
ein Kind, so unentzweit
und voller Innigkeit.

ZIEL

Aus das Spiel:
Die neue Seele nebelt
kreuzbefreit und leer: bei meiner
Ehr: es ist zu spät für Ja
und auch für Nein. Denn diese
Zeit wird nicht mehr lange sein
und dieser Mensch vertilgt sein
eignes Fleisch und wird davon
erbaut. Wie lang schaut Gott
das an, wie lang, wie sehr. Er
sagte, was er tut, es kostet
mehr und mehr, es kostet Blut
und Heil, wer jetzt darüber lacht
wird später weiterlachen, wer jetzt
weint, worüber, worüber auch, ist
später doch vereint mit Licht und
Macht und Gott weint über
ihn und das ist seines Lebens
Anbeginn und Ziel und seins
verklärten Leibes Haut.

RAUCH II

Ein Gedicht das Gott
zu Tränen rührt: ich habs
noch nicht, noch nie
verspürt. Aus welchen Worten
es denn wohl bestünde und
welcher Hauch wohl in ihm
weht? Als ob es irgendwo
schon stünde in einem Buch
das da ist ohne Gründe, in
einer Seele vor und außerhalb
der Sünde, an unerklärten Orten
alle Bitten, alles Leid in sich
beschließend, am Rande irgend-
einer Welt: von wo der Rauch
aufsteigt aus Zeit und Ewigkeit
von einem Brand aus Worten die
kein Lebender versteht, auf dass
sie Heiligkeit andauernd neu entzünde.

OPFER

Kurz und bündig: In der
Seele wird man fündig
oder nicht. Licht ist dort,
irgendetwas oder gar kein
Ort an manchen Tagen. Zeiten
wachen und wachsen, Menschen
und Monde werden mündig, am
Ende ist innen, außen, unten alles
Staub; oben aber eine Flamme,
die den Weg bereiten will, aus
einem Opfer steigt sie auf,
aus einer Kehle wie ein Wort der
Liebe, als ob man seine Klagen
ins Gedächtnis Gottes grübe,
wie von Sinnen.

BODEN II

Bös bleibt bös Du hast das
Nichts davon. Ein blanker Tag
ders lieber leblos mag zu deinen
Füßen. Du gehst zu grüßen deinen
Nächsten mit dem Wort; dort wo
er ist klafft doch ein Loch in deiner
Welt, schafft selbst der Schöpfer
nichts. Ein böses Tier war hier, drang
vor bis in dein Herz, worin es sich
verbiss bis es zerriss und nicht mehr
sprach: *Ich will singen meinem Gott
in meinem Noch*. Es sang. Und bis
es nicht mehr schlug, klang seine
Stimme nach und folgte dir, verfolgte
dich, nahm deine Sinne weg und dann
den Boden unter deinen Füßen.

SCHWEIGEN

So zu sein hat keinen Sinn.
So ist das Leben nicht.
Es ist ein Licht das mich
zum Schweigen bringt in
dieser Finsternis der vielen
Worte. Viele Orte sind, wer
schickt mich hin: Es lohnt
sich nicht, denn wer mich will,
der kommt zu mir und kommt
und bleibt mit mir allein.
Und das ist gut. Denn wenig
Worte trennen uns vom Tier,
das brütet auch und hütet.
Wir lassen das: Es ist kein
Nest, kein Wohnung mehr
hienieden. Wir hassen das.
Wir haben uns entschieden.

HAUCH

Hören, sehen, schauen: Haus
des Winters: Tag der Geburt. Wir wussten
nicht, woher wir kamen, wo unsre
Augen Licht hernahmen - was
die Welt darüber weiß nützt
nichts. Im Leib des Lichts,
dort an der Quelle von Licht und
Welt, ist eine Antwort, eine Furt
durchs Nichts: Sie sehen ein
großes Licht, hören ein großes
Wort und fahren fort und
rühren sich nicht von der Stelle.
Das Licht erlischt, das Wort
verwischt, es bleiben keine
Namen: Wie von tausend Wintern
nichts geblieben ist als bloß ein
Hauch Erinnerung und Grauen.

SPIEL

ibarcú mysehí: Sie sollen meinen
Abgang segnen. Welt: war nett dir
zu begegnen. Ein Anfang ist gemacht.
Ich kann auch wieder etwas sehn im
Spiegel wenn auch einen Schatten
bloß. Nackt fiel ich in diese Welt und
spielte mit ihr Spiel und lebte nackt
und nackt bin ich aus ihr verschwunden.
Dem Verstand, dem grasgesunden,
bricht der Helm entzwei, sein Ver-
schwinden hat er nie verwunden, nie
dass ich verschwinden könnt und
er dabei entfällt. Darum bin ich frei:
Noch eine kleine Weile bin ich hier,
die Zeit wird lang, ihr Ende groß,
der allerletzte Schrei.

X

TOD

Was, Tod, soll ich von dir sagen:
Ich weiß nicht, wie, wann, wo
du kommst. In einem Augenblick: Du
bist der Rand, der Grat, unendlich
kurz und schmal, der Punkt
nach meinem Leben, allen Leben,
unerforschlich, unbekannt. Dahinter
ist das große Netz, davor Gesetz
zum Guten oder Bösen. Es passt
kein Bild auf dich, du bist kein
schwarzes oder weißes Loch und
auch kein Pfahl im Fleisch, nur immer
oder doch: nur noch, *das* gilt.

ZELT

Leere: komm und füll mich an
mit dir. Schon fast zurück zum Tier und
in sein Haus, am Rand von Nebel und
von Nichts. Wo bin ich hier? Verflucht:
Das alles ist in mir, in euch, in uns.
Wie eine Wand aus Wüstensand
stehts zwischen uns, bedeckt uns bald,
für unsereins erhebt sich keine Hand.
Im Wüstenland, in unsern schwarzen Herzen,
wo ist hinverbannt all unser Sinn, all
unsre Schmerzen, hebt sich der Wald
der Bilder bald und ganz empor. Aus
einem Ort, groß, ganz am Rand
des Seins, kommt zu uns, was uns je
gesucht und führt uns weg, versetzt
uns in den Stand von uns zu schälen
Welt um Welt, bis wir die Zelte
Gottes in uns zählen, ganz weit fort.

RUF

Auf einmal geht es schnell:
Der Horizont wird hell; was
geht da auf: der Wunder eines,
wie sonst keines, neues nie gesehnes
Licht, und nicht von dieser kleinen
Welt, die kaum sich selbst erhält,
ihr eigenes Gesetz verleugnet. Der alles
schuf, kommt über uns erneut: Des freut
sich eine kleine Schar, wir wissen nicht,
woher sie war, er folgte ihrem Ruf, bevor
sie sich verlor und völlig ward zerstreut.

ERBEN
(28.01.13)

Der große Karl: starb viel
zu früh: hätt er bis heut gelebt
hätt er sein Werk auch sterben
sehen samt all dem Wort das all
die Zeit darum herum gewebt. Es
hat nicht sollen sein. Er blieb
allein auf weiter, leerer Flur und
keiner tadelt ihn und keiner tats
ihm gleich. Welchen Sinn hat wohl
sein Reich gehabt und welchen
Erben: Blick auf, du siehst das
große Sterben bloß und keinen
Geist und keine Prophetie. Den Ort,
wo nichts gedeiht, nichts neu
entsteht und nichts geadelt wird.

ESEL

Mal nichts. Dazu sind wir
da: mal eben nichts zu sagen und
zu sein. Ein kleiner Esel unter
unsern Augen tuts uns gleich.
Er wartet bis wir ihn gesehn
und dann die Augen schließen.
Für ihn. Für heut. Für immer. Er trug
uns durch die Wüste, durch das
Reich und hat gedient. Hat aus-
gedient und wird uns gleich und
schenkt uns unser Leben.

ABGRUND II

Bereit den Geist jetzt auszuhauchen:
Nackte Ruh: da bin ich wieder. Mein ist
die Zeit, mein der Tod, die Zeit zu
sterben. Fern das Geschrei der Welt
und ich bin leer. Es ist in Raum und
Zeit kein Ort der mir die Ruhe schafft.
Ich bin mein eigner Anfang nicht, mein
Ende doch, bin frei zu sagen: es ist
nah. Dies zu lernen war ich da; denn
zwischen Zeit und Raum und mir all-
zeit ein Abgrund klafft für den ein
Leben reicht vielleicht ein wenig in
ihn einzutauchen.

STICH

Ein totes Gedicht. Ein Aufstieg zum Licht
Ein Feuer in mir, ein Fleisch. Das Licht
ganz dicht bei mir, es leucht' in mich
hinein. Ich seh nicht hin. Ich bin
nicht sein. Ich bin mein eigner Stern
und was ihr habt gehört von mir. Ein
totes Tier war vor mir hier und schuf mir
ein Gesicht und sah mich an, ich
wollte sein nicht sein und schuf
mich selbst und blieb mit mir allein
und hörte nichts. Ihr alle leugnet
was mir geschah und ließet mich
im Stich. Drum war ich nicht mehr da
und nicht bei euch und blieb alleine, ich.

SCHNEIDE

Als ich litt und meinte: was geschrieben
stand und weinte, musste erst
erlitten werden: wusste ich vielleicht
wovon ich sprach und sprach: seht
her, ich leide. Und wo du wohnst,
im Himmel oder auf der Heide, ficht
die Zeit nicht an, selbst Gott
sieht gnädig drüber weg. So und so
stehts auf des Messers Schneide
ob du bleibst. Ist im Herz kein
Heiligtum, im Leib kein Königtum, könnts
eher unentschieden ausgehn für sie beide.

SCHWERE

Großes Reich und kein Vergleich
mit heute mehr wo bloß ein Witz
den andern jagt, der Mensch, er
spottet deiner, der Abschaum
rottet sich in Wort und Werk
zusammen, schreibt dich klein und
kleiner, um dir deinen Sinn zu
stehlen. Aus den Kehlen schallt
es froh: Nur Volkes Stimme zählt
und bleibt, wählt ihr nicht, so bleibt
ihr nicht, was vorher war, war alles
böser Traum. Und hat sichs ausgeträumt,
zerplatzt der Mensch vor lauter Leere,
Wahrheit fordert ihre Ehre, was
früher war, war wirklich da und füllt
bis heut die Zeit, den Raum, wie
kalte Luft, mit unsichtbarer lichter Schwere.

FIEBER

Ich sagte mir, bevor ich mir
vertrau, werd ich zum Tier
viel lieber. Ein Esel oder
eine Sau, die sterben auch
am Fieber. Am Fieber sterb
ich nicht, am Licht viel eher,
als ein Seher, weißt, der was er
sieht nicht hat bestellt und
nicht ertragen will die Welt und
das Gesicht von ihr, von einem
echten Licht erhellt und so
genau. Ich kann es nicht; ich
gebe das zurück. Dies Glück, das
mag ein andrer erben, ein
anderer der zünden will und will
gezündet sein, ich bleib mit
mir allein. Ich hab mich selbst
verkündet.

INHALT